평범한 우리 어린이들을 다음 세대
위인으로 만들어 줄 교과서 위인 이야기!
효리원의 교과서 위인 이야기는 초등학교
교과 과정에 나오는 국내외 위인들을, 우리나라
최고 아동 문학가 53인이 재미있게 동화로 구성했습니다.
지혜와 용기로 위대한 삶을 산 위인들의 이야기는,
어린이들의 마음속에 '나도 할 수 있다.'는
희망의 씨앗을 심어 줄 것입니다!

일러두기

1. 띄어쓰기와 맞춤법 : 초등학교 국어 교과서와 국립국어원의 『표준국어대사전』을 기준으로 하였습니다.
2. 외래어 지명과 인명 : 국립국어원의 『외래어 표기 용례집』을 기준으로 하였습니다.
3. 이해가 어려운 단어 : ( ) 안에 뜻풀이를 하였습니다.
4. 작가 연보 : 연도와 함께 나이를 표기하고, 업석을 간략히 소개하였습니다. 우리나라 위인은 태어난 해를 한 살로 하였고, 외국 위인은 만 나이로 태어난 다음 해를 한 살로 하였습니다. 정확한 자료가 없는 위인은 연도와 업적만을 나타냈습니다.
5. 내용 구성 : 위인의 삶은 역사적 자료를 바탕으로 최대한 사실적으로 구성하였습니다. 그러나 읽는 재미를 위해 내화 글이나 배경 묘사, 인물의 감정 표현 등에 작가의 상상력을 더했습니다.
6. 그림 구성 : 문헌을 바탕으로 위인이 살던 시대를 충실히 나타내도록 하되 복식의 색상이나 장식, 소품, 건물 등은 작가의 상상으로 그렸습니다.
7. 내용 감수 : 각 분야의 전문가들로 구성된 편집 위원들이 꼼꼼히 감수를 하였습니다.

편집 위원

김용만(우리역사문화연구소장)
교과서에서 만나는 위인들을 중심으로 일화와 함께 그림과 사진을 곁들여 지루하지 않게 읽을 수 있습니다. 술술 읽다 보면 학교 공부에도 많은 도움이 될 것입니다.

신현득(동시인, 전 새싹회 회장)
우리가 자주 듣고 접하는 역사 속 실존 인물들이 자신의 꿈을 이루기 위해 어떻게 노력했는지 깨달아 가면서 우리 어린이들은 한층 더 성숙해질 것입니다.

윤재운(동북아역사재단 연구 위원)
위인전을 읽으면서 어린이들은 시대를 넘어 간접 체험을 할 수 있습니다. 어떻게 살아야 하는지 인생에 대한 동기 부여와 함께 삶이 보다 풍요로워질 것입니다.

이은경(철학 박사, 전북과학대 유아교육학과 교수)
한 사람의 인격과 품성은 어릴 때 형성됩니다. 따라서 초등학교 저학년 때 어떤 책을 읽느냐에 따라 생각의 크기가 달라집니다. 어린이의 미래를 위해 이 책은 꼭 읽어야 합니다.

이창열(하버드 대학교 물리학 박사, 전 국가과학기술자문회의 전문 위원)
세상을 바꾼 위대한 인물의 이야기는 어린이의 인성 및 감성 발달에 큰 영향을 미칠 뿐 아니라 실험 정신과 개척 정신을 길러 줍니다. 용기와 지혜로 세상을 헤쳐 나가는 당당한 어린이를 꿈꾼다면 이 책은 꼭 한번 읽어 보아야 합니다.

정재도(한글학자)
위인으로 일컬어지는 이들은 어떤 생각을 하고, 어떤 삶을 살았을까요? 그들의 흔적을 담은 위인전은 복잡한 현대를 이끌어 갈 우리 어린이들에게 나침반과 같은 역할을 할 것입니다.

조수철(서울대학교 의과대학 소아정신과 교수)
위인전은 시대와 신분, 업적이 다른 위인들의 삶이 다양하고 흥미롭게 구성되어 있어 손쉽게 여러 삶의 모습을 만날 수 있습니다. 용기 있게 고난을 헤쳐 나간 위인의 이야기를 통해 삶의 지혜를 배울 수 있을 것입니다.

아우내 장터를 뒤흔든
열여덟 살 소녀의 만세!

유관순

손연자 글 / 정선경 그림

효리원
hyoreewon.com

이 책을 읽는 학부모님과 선생님께

하나뿐인 목숨이 소중하지 않은 사람은 없습니다.

역사 속에 이름 하나를 묻고 조국을 위해 목숨을 버린 애국자들은 수없이 많았지만, 유관순은 좀 더 특별한 감동을 줍니다.

성인이 되기도 전에 소녀의 몸으로 어른보다 더한 용기와 당당함, 결코 굽히지 않는 의지를 보여 주었습니다.

유관순이 보여 준 힘은 수많은 적군을 무찌른 장군과 비교해도 결코 뒤지지 않습니다.

유관순에게 무기란 조국을 사랑하는 마음과 태극기뿐이었지만, 앞장서서 민중들을 이끌며 '대한 독립 만세!'를 외쳤습니다.

이 일을 계기로 독립 운동이 활발히 전개되었고, 단결된 힘으로 나라를 되찾을 수 있었습니다.

글로벌 시대를 살아가는 우리 어린이들에게 유관순의 이야기는 차츰 잊혀져 가는 조국의 소중함을 일깨워 줄 것입니다.

이를 위해서는 유관순이 살았던 당시의 시대적 배경을 알려 주고, 유관순이 왜 나라를 위해 몸을 바쳤는지 역사 속에서 자연스럽게 이해되도록 지도해 주어야 합니다.

그리할 때 아이들은 나라를 사랑하는 일이 특별한 힘이나 지식을 가진 뛰어난 사람만 할 수 있는 일이 아니라, 보통 사람 누구나 할 수 있는 일이라고 깨닫게 될 것입니다.

우리 어린이들이 유관순의 불꽃 같은 의지와 애국심을 본받아 어떤 분야에서든 일인자가 되는 애국을 하기를 기대합니다.

머리말

나라가 없다면 누가 우리를 지켜 주고 보호해 줄까요?

외국에 나가 보면 누구나 애국자가 된다는 말처럼 특별한 계기가 없으면 내 나라, 내 조국의 소중함을 깨닫지 못하기 쉽습니다.

조국이라는 울타리 안에서, 가족의 따뜻한 품속에서 별 어려움 없이 살아가는 요즈음의 어린이들에게 유관순은 나라의 소중함을 일깨워 주고, '애국심은 무엇이다.'라는 생각을 진지하게 해 보는 계기를 마련해 주는 위인입니다.

어둡고 불행했던 일제 강점기에 나라를 위해 목숨을 바친 유관순의 이야기는 많은 시간이 흐른 지금까지도 우리들의 가슴속에 뜨거운 감동과 교훈을 전해 줍니다.

글쓴이 손연자

차 례

용용 죽겠지

불볕 같던 8월이 지나갔습니다.

9월의 하늘은 파랗고 높다랬습니다.

옥선이네 집에서는 소꿉놀이가 한창입니다. 풀을 뜯어 다듬고 콩콩 찧느라 누가 와도 모릅니다.

'히힛, 놀래 줘야지.'

관순이는 살금살금 다가가 살짝궁 숙희랑 옥선이의 댕기꼬리를 맸습니다. 그리고 분이 댕기에는 다 뜯어 먹은 옥수수를 묶었습니다.

유관순 초상화
일제에 저항하여 만세 운동을 주도한 유관순의 초상화입니다.

다시 살금살금 다가가 살짝궁 장독대 뒤에 숨은 다음, '요 녀들! 잡아먹자, 어~흥!' 으르렁 소리와 함께 대추 한 움큼을 냅다 던졌습니다.

"아이고머니!"

냉큼 일어난 동무들이 달아납니다.

"아이고, 아야야!"

엎어졌다 자빠졌다 야단입니다. 옥수수도 이리 털럭 저리 털럭, 야단입니다.

"하하하하!"

관순이는 허리를 잡고 앞으로 굽혔다 뒤로 젖혔다, 야단입니다.

"애개개, 이제 보니 장난꾼이잖아?"

"용용 죽겠지."

"너, 거기 서!"

동무들이 이를 악물고 달려옵니다. 아무리 그래도 장난하고 뜀박질은 관순이가 으뜸입니다. 논틀밭틀(논두렁과 밭두렁을 따라서 난, 꼬불꼬불하고 좁은 길)로 요리조리 집으로 와서는 굴뚝 옆에 찰싹 숨었습니다. 비죽비죽 웃음이 터졌습니다. 뽕뽕, 방귀도 나왔습니다.

그런데 바람결에 아버지 울음소리가 실려 왔습니다.

"아, 원통하다. 이렇게 빼앗기다니!"

'탈곡기를 빼앗기셨나?'

탈곡기는 추수 때 벼를 터는 기계입니다. 아버지는 아침결에 아우내 장터로 가시면서 '탈곡기가 너무 헐었어. 새로 사야겠는걸.' 그러셨습니다. 그렇다면 원통할 만합니다. 탈곡기는 한두 푼짜리가 아니거든요.

'나쁜 놈! 잡히기만 해 봐. 주먹으로 펑펑 때려 줄 테야.'

관순이는 덩달아 눈물을 뚝뚝 흘렸습니다.

1905년, 나라가 온통 시끄러웠습니다. 을사년 11월 17일이었습니다. 이토 히로부미가 총칼을 든 헌병대를 끌고 대궐로 왔습니다.

"우리가 조선을 보호해야겠소. 찬성이오, 반대요?"

이토가 눈을 치떴습니다. 무시무시한 분위기였습니다. 대신들은 모두 벌벌 떨었습니다.

"반대 없소? 좋아, 다 찬성이군."

"아니오, 나는 반대요!"

"뭐라고? 어서 끌고 나가!"

용감하게 반대한 딱 한 사람, 한규설 총리 대신은 다른 방에 갇혔습니다.

"각하, 저 이완용은 대찬성입니다."

"어서 도장을 찍으시오."

을사 늑약(억지로 맺은 조약)이 맺어졌습니다. 고종 임금과 대신들은 허수아비가 되었습니다.

그러나 가만히 있을 백성들이 아닙니다.

"나라를 팔아먹은 이완용을 죽여라!"

"집에다 불을 질러라!"

의병들이 들고일어났습니다. 나라를 잃은 슬픔에 스스로 목숨을 끊기도 했습니다.

"의병들을 끝까지 쫓아가 죽여라!"

"고종이 몰래 다른 나라에 도움을 청했다. 그를 임금 자리에서 쫓아내라!"

"민비(명성 황후를 얕잡아 부른 말)가 말을 안 듣는다. 죽여서 석유 불에 태워라!"

이토는 미친 듯이 날뛰었습니다. 그러다가 만주 하얼빈 역에서 안중근 의사의 손에 죽었습니다.

그리고 5년이 흘러 8월 22일, 일본은 마침내 조선을 집어삼켰습니다. 순종 임금은 일본의 협박으로 칙유(임금이 몸소 타이르는 말씀)를 내렸습니다.

나는 나라 다스리는 권한을,

믿고 의지하던 이웃 일본 황제 폐하에게 넘겨 준다.

그래서 밖으로는 동양 평화를 튼튼하게 하고,

안으로는 백성을 온전하게 보호하려고 한다.

모든 신하들은 나라의 앞날과 시대의 뜻을 생각해서,

일본에 복종하고 행복을 함께 누려라.

백성을 구하려는 뜻에서 나온 생각이니,

이 뜻을 받들라.

관순 아버지는 장터에 가서야 강제 합방(두 나라를 합침) 소식을 들었습니다. 그래서 슬피 울었던 것입니다.

이 사실을 어린 관순은 까맣게 몰랐습니다.

고마다네 우물

“빼앗긴 나라를 되찾자. 우선 힘을 길러야 한다. 아는 게 힘이다.”

여기저기에서 사립 학교가 문을 열었습니다. 관순 아버지 유중권도 장사리에 학교를 세웠습니다. 흥호 학교라는 초가집 학교였습니다.

학교를 짓기 위해서는 돈이 필요했습니다. 그래서 할 수 없이 일본 사람인 고마다한테 돈 3백 원을 빌렸습니다. 쌀 백 가마 값이었습니다.

하루는 고마다가 집으로 찾아왔습니다.

"내 돈 왜 안 갚아? 조센징(조선 사람을 깔보는 말)은 은혜를 몰라. 염치도 없어!"

고마다는 게다(슬리퍼처럼 생긴 일본 나막신) 발로 봉숭아꽃을 걷어찼습니다. 그러자 관순 어머니 이소제 부인이 썩 나섰습니다.

"아니, 이게 무슨 짓이오? 그것도 산 목숨이라는 걸 모르시오?"

뒤꼍 지령산이 쩌렁쩌렁 울렸습니다. 고마다는 깜짝 놀라 엉덩방아를 찧었습니다. 그 바람에 유카타(일본인들이 여름철이나 목욕한 뒤 입는 무명 홑겹옷) 앞자락이 훌러덩 벌어졌습니다. 속옷이 드러났습니다.

"아이, 망측해."

관순이는 고개를 돌렸습니다.

'쳇, 저 꼴로 다니면서 거만을 떨다니.'

관순의 마음속에 슬며시 깔보는 마음이 생겼습니다.

며칠 후 관순 아버지가 고마다를 찾아갔습니다.

"자, 3백 원이오."

"헤헤헤, 그건 원금이므니다. 이자를 주시오."

차용 증서(돈이나 물건을 빌린 사실을 적은 종이)를 코앞에서 흔들었습니다.

"이자가 얼마요?"

"날짜가 많이 지나서 모두 3천 원이므니다."

"뭐, 이자가 3천 원? 순 날강도로군!"

관순 아버지는 보란 듯이 증서를 박박 찢어 고마다의 얼굴에 던졌습니다.

고마다가 악을 썼습니다. 이웃에 사는 패거리가 우르르 달려왔습니다. 일본 사람들은 혼자서는 꼼짝도 못합니다. 그러나 둘만 넘으면 똘똘 뭉쳐서 무슨 짓이든 합니다.

일본인 패거리가 달려들어 관순 아버지를 마구 때렸습니다.

그래도 분이 풀리지 않는지 나중에는 우물에다 거꾸로 처박았습니다.

관순 아버지는 그만 기절하고 말았습니다.

“고마다 상, 이러다 사람 죽이겠소.”

아는 헌병 보조원이 지나가다 보고는 관순 아버지를 업어 집으로 데려왔습니다.

관순이는 마당 빗자루를 꼬나들었습니다.

“엄마, 우리가 가서 혼을 내유. 관옥이 오빠도, 나도 다 컸어유.”

“참자. 그러다 또 당할라.”

“아버지가 왜놈들한테 죽도록 맞았어유. 그런데도 참으라고유?”

관순이는 펄펄 뛰었습니다.

네가 촛불을 켜라

작은집 경석 오빠가 결혼한 뒤부터 관순이네 다섯 식구는 예배당에 나갔습니다. 사촌 올케가 권해서였습니다. 그 덕에 관순이는 이화 학당에 다니게 되었습니다.

"관순이 얼굴은 수더분하지만 가만히 보면 똑똑하고 씩씩하다는 걸 알 수 있어. 마음도 진실하고. 틀림없이 큰사람이 될 거야."

미국 북 감리교의 선교사 부인은 관순이를 뽑아 공주 교구(신자 지도를 위해 나누어 놓은 구역) 장학금을 주었습니다. 관

순이는 한글도 알고 셈도 잘해서 이화 학당 보통과 2학년으로 들어갈 수 있었습니다.

이성회 선생님의 한문 시간이었습니다. 선생님은 마마(천연두)를 앓아 얼굴이 많이 얽어 있었습니다. 수업 시간인데도 학생들은 떠들었습니다.

"5조약이니 7조약이니 하면서 나라는 망해 가는데, 너희들은 어쩌자고 떠드느냐? 정신 차려서 공부해라. 일본 학생들보다 두 배, 세 배로 해야 한다."

그때 쿡, 웃음이 터졌습니다.

"누구냐?"

"저여유."

"그래, 유관순, 왜 웃었느냐?"

"선생님 턱에 고춧가루가 묻어 있어서유."

학생들이 까르르 웃었습니다.

"쯧쯧쯧, 용기는 있다만 생각은 없구나."

선생님이 혀를 찼습니다.

관순이는 몹시 부끄러웠습니다. 그 후로 관순이는 생각 깊은 학생이 되려고 애썼습니다. 공부도 열심히 하고, 책도 많이 읽었습니다.

'남을 위해 일하고, 부지런하며, 나라를 사랑하라'는 교훈도 가슴에 새겼습니다.

칼바람이 쌩쌩 부는 추운 겨울날이었습니다. 관순이는 용돈을 벌기 위해 서양 선생님의 구멍 난 비단 양말을 꿰매고 있었습니다.

"만주(밀가루나 쌀가루로 만든 반죽에 팥을 넣고 찌거나 구운 과자)나 호야, 호~야."

거리에서 고학생이 외쳤습니다.

처량한 목소리였습니다.

"아유, 배고파라."

"나도. 내 배 속에는 거지가 들어 있나 봐."

"따끈따끈한 팥떡 하나 먹

으면 소원이 없겠다."

모두들 한마디씩 했습니다. 바느질을 하던 관순이는 조용히 일어나 나갔습니다.

"만주 5전어치만 주세유."

팔떡은 손바닥만큼 크고 먹음직스러웠습니다.

관순이가 막 사감실 앞을 지날 때였습니다. 방문이 벼락같이 열렸습니다.

"요런, 바로 너였구나!"

하란사 선생님이었습니다. 별명이 '호랑이 어머니'입니다. 우리나라에서 가장 처음으로 미국 유학을 다녀온 선생님으로서, 덕수궁에 가서 통역도 합니다. 고종 황제께 훈장도 받았습니다.

하란사 선생님은 조선 학생들이 서양 선생님한테 야단맞는 것을 가장 싫어했습니다.

관순이는 방으로 들어가 무릎을 꿇었습니다.

"누가 너한테 이런 걸 시키더냐?"

“제가 스스로 한 일입니다. 방 동무들이 배고파해서요. 고학생도 불쌍하고요.”

“그래서 이 밤중에 높은 학교 담에 매달려 팥떡을 사 왔다? 착한 일을 했으니 상을 받아야겠지?”

“아닙니다. 저는 규칙을 어겼습니다. 벌을 받겠습니다.”

“넌 가난한 동무가 굶는 걸 보고 밥값을 내 준 일도 있었지? 자신은 배가 아프다는 핑계로 굶으면서 말이야. 기숙사 식당 설거지도 도맡아 하지? 변소 청소도 앞장서서 하고. 넌 장난도 잘 치지. 남의 방에 가서 자는 사람 소매도 꿰매고, 눈썹도 하얗게 칠하고, 신발장의 미투리(삼 껍질이나 노로 짚신처럼 만든 신)도 뒤죽박죽 바꿔 놓고. 온실의 사과를 따 먹어서 베이커 선생님한테 손바닥을 맞은 적도 있지?”

선생님은 그동안의 일을 모조리 알고 있었습니다. 관순이의 입이 딱 벌어졌습니다.

“유관순, 잘 들어라. 지금 이 시각, 조선 천지에 배고프지 않은 사람은 아무도 없다. 추위에 떠는 사람도 그 고학생 하나가 아니다.”

바로 그때 취침 종이 울렸습니다. 전등불이 일제히 꺼졌습니다.

“무엇이 보이느냐?”

“아무것도 안 보입니다.”

“우리나라도 이와 같다. 이처럼 캄캄한 어둠 속에 있다. 네가 이 나라에 촛불을 켜라.”

“예?”

목이 콱 메면서 눈시울이 뜨거웠습니다.

그날 밤 관순이는 기도 방에서 밤새 기도하며 울었습니다. 뒷날, 애국자 하란사 선생님은 독립 운동을 하러 중국 베이징으로 갔다가 그곳에서 일본 스파이 배정자에게 독살을 당했습니다.

결사대

일본은 조선 사람을 차별 대우했습니다. 세금을 무리하게 거두었습니다. 조선과 일본은 하나라고 억지를 부렸습니다. 이 땅의 좋은 것은 다 가져갔습니다. 종처럼 부렸습니다. 업신여겼습니다. 툭하면 잡아다가 때리고 가두었습니다.

"조선인들은 남산 신궁에 가서 절을 해라. 상투를 잘라라. 일본의 국가를 부르고 일본말을 써라. 성과 이름을 일본식으로 바꿔라. 교육을 받으면 허영심이 생겨서 안 된다. 사립 학교를 줄여라. 앉아라. 서라. 죽어라!"

서대문 형무소 역사관 전경 | 1908년에 지어진 감옥으로, 일제에 맞서 싸운 유관순을 비롯한 수많은 독립운동가들이 이곳에서 일본에게 모진 고문을 당했습니다. 지금은 우리 민족의 아픔을 일깨워 주는 역사 교육의 장으로 이용되고 있습니다.

조선 천지가 감옥이었습니다. 일본처럼 남의 나라를 괴롭힌 나라는 이 세상에 없습니다.

"그 나라도 우리처럼 남의 나라 지배를 받았다."

다른 나라 역사를 배우는 수업 중에 이런 말을 들으면 학생들은 울음을 터뜨렸습니다. 학생들에게는 한 가지 소원이 있었습니다. 바로 자유입니다. 학생들은 총독부에서 나온 일본어 여선생을 골탕먹였습니다.

1919년 1월이 끝나갈 무렵이었습니다.

대행 왕 고종, 1월 21일 오전 6시,
덕수궁에서 돌아가심.

슬픈 소식이 총독부 신문 『매일신보』에 실렸습니다. 고종이 독을 탄 식혜를 억지로 마셨다는 소문이 나돌았습니다.

"아이고, 상감마마! 12년을 덕수궁에 갇혀 사시더니, 이렇게 억울하게 가시다니오!"

흰옷에 흰 갓을 쓴 사람들이 구름처럼 모여들었습니다. 가난한 이들은 검은 갓에 하얀 종이를 오려 붙였습니다.

이화 여자 고등 보통학교 학생들은 흰 상복에 검은 댕기를 하고는 반별로 대한문 앞으로 가 망곡(임금 계신 곳을 향하여 우는 일)을 했습니다.

급히 이문회가 모였습니다. 이문회는 이성회, 하란사 선생님의 도움으로 만든 이화 여자 고등 보통학교 학생들의 비밀

단체입니다. 회원들은 매주 금요일마다 모여 연설 · 연극 · 토론을 하면서 애국심을 길렀습니다.

하복순 회장은 밖으로 나가 나뭇가지를 꺾어 왔습니다.

"여러분, 여기 뽕나무 가지가 있습니다. 한 개는 쉽게 꺾입니다. 그러나 보십시오. 여러 개는 꺾이지 않습니다. 우리도 조국을 위해 뭉칩시다! 나라가 지금 우리를 부르고 있습니다!"

회장은 울며 호소했습니다. 모두의 가슴에 애국심이 활활 타올랐습니다. 목숨도 아깝지 않았습니다.

회의가 끝나고 각 반 반장들은 특별 결사대를 만들었습니다. 결사대는 몰래 전달된 광고지를 뿌리기로 했습니다.

"학생처럼 보이면 안 돼. 부인처럼 꾸미자."

학생들은 댕기머리를 틀어 올려 쪽을 찌고 비녀를 꽂았습니다. 양반 부인과 몸종처럼 꾸미기도 했습니다. 관순이는 수위실에 있는 이 서방 아들 옷을 빌려 남자로 꾸몄습니다. 결사대는 밖으로 나가 광고지를 나누어 주었습니다.

일본 정부에 세금을 바치지 마시오.

조선 관리는 모두 사직하시오.

3월 1일은 가게 문을 닫고 장사를 하지 마시오.

3월 1일이 되었습니다. 학생들은 기도를 한 후 정문으로 나갔습니다. 프라이 교장이 교문을 막았습니다.

"제발 비켜 주세요. 저희들은 꼭 가야 해요."

"위험하오. 죽을 수도 있소. 이 서방, 조 서방, 어서 교문에 빗장을 지르시오. 학생들은 지하실로 가시오."

교장은 수위들을 불러 학생들을 막으려 했습니다.

"얘들아, 우리 흩어져서 행동하자."

학생들이 우르르 담 쪽으로 갔습니다.

한 학생이 엎드렸습니다. 그렇게 서로서로 등을 밟고 학교 담을 타 넘었습니다.

대한 독립 만세!

낮 12시, 파고다(탑골) 공원에는 사람들이 꽉 들어찼습니다.

"우리는 이제 우리 조선이 독립국임과 조선인이 자주민임을 선언하노라……."

한 학생이 팔각정에 서서 독립 선언서를 읽었습니다.

"대한 독립 만세!"

"대한 독립 만세!"

모두들 목이 터져라 만세를 불렀습니다.

팔이 떨어져라 태극기를 흔들었습니다.

군중들은 거리로 나갔습니다. 사람들은 자꾸 불어났습니다. 말 탄 기마대들이 집채만 한 말머리를 마구 들이댔습니다. 사람들은 물결처럼 갈라졌다 다시 모였습니다. 군인들의 총이 불을 뿜었습니다.

칼에서는 피가 뚝뚝 흘렀습니다. 소방수들은 장대 끝에 쇠갈고리를

달아 찔렀습니다.

일본 남자들은 몽둥이를 들고 나와 아무나 때렸습니다. 일본 여자들은 잉크를 탄 물통을 뿌렸습니다. 형사들은 잉크가 묻은 옷만 보면 잡아갔습니다. 군중들은 하루 종일 맞아 죽거

나 붙잡혔지만, 만세 소리는 끊이지 않았습니다.

도쿄에서는 유학생들이 2월 28일에 먼저 독립을 선언했습니다. 서울에서는 민족 대표 33인이 오래전부터 준비했습니다. 온 겨레가 한마음으로 용감하게 일어났습니다.

"조선 깡패들이 돈 30전씩을 받고 경찰서나 관공서에 돌을 던졌다."

겁이 난 일본은 외국에 대고 이렇게 거짓말을 했습니다.

각 학교에는 휴교령(학교를 쉬라는 명령)을 내렸습니다.

종로 경찰서에서 풀려나온 관순이는 애다 언니와 기차를 탔습니다. 기차는 칙칙폭폭 칙칙폭폭 달렸습니다.

"언니, 난 저 소리가 '조선 독립 어서 오소! 조선 독립 어서 오소!' 그렇게 들려."

두 사람은 펑펑 울었습니다.

고향인 지령리 마을은 조용했습니다.

"여러분, 우리도 만세를 부릅시다. 하느님도 우리를 도우실 겁니다."

관순이는 서울에서 가져온 선언서와 태극기를 내놓으며 말했습니다. 음력 3월 1일로 날을 잡았습니다. 마침 그날은 아우내 장날이었습니다.

"왜놈들을 이 땅에서 몰아냅시다! 자유를 찾읍시다!"

관순이는 각 고을을 찾아다녔습니다. 짚신은 헤어지고 발은 부르텄습니다.

드무실 고개를 넘을 때였습니다. 캄캄한 고갯길에 갑자기 파란 불덩이 두 개가 떴습니다.

"악!"

그 자리에 털썩 주저앉았습니다. 기도를 하고 찬송가를 부르며 쩔쩔맸습니다.

그런데 한참 동안 떠 있던 파란 불덩이가 사라졌습니다. 휙 소리가 나서 보니 커다란 호랑이였습니다.

관순 어머니는 몰래 예배당에 모여 마을 부인들과 밤새 태극기를 만들었습니다.

음력 2월의 마지막 날, 밤은 춥고 캄캄했습니다. 관순은 집

뒤 매봉으로 올라갔습니다.

"네가 촛불을 켜라!"

하란사 선생님의 말씀이 들리는 듯했습니다.

관순이는 짚으로 만든 횃불에 성냥을 그었습니다.

"준비는 모두 끝났어요. 내일 아우내 장터로 모이세요."

횃불은 소리 없이 외쳤습니다.

곧 응답의 횃불이 떴습니다. 하나가 꺼지면 또 하나가 켜졌습니다. 이렇게 스물네 개의 횃불이 타올랐습니다.

쌀가마 위에 서서

태극기를 품은 장사꾼들이 모여들었습니다.

오후 1시쯤, '대한 독립'이라고 쓰여진 큰 깃발이 세워졌습니다. 관순이는 쌀가마 위에 올라서서 독립 선언서를 읽었습니다. 만세 소리가 하늘과 땅을 뒤흔들었습니다. 일본 국기에 떠밀려 꼭꼭 숨어 있던 태극기가 물결쳤습니다.

"장터가 발칵 뒤집혔습니다. 서둘러 출동하십시오!"

주재소(파출소) 소장 고야마가 천안 헌병대로 전화를 걸었습니다.

사람들은 만세를 부르며 주재소로 몰려갔습니다. 다들 맨주먹인 것을 본 고야마가 앞장선 사람을 찔렀습니다.

"이놈, 어째서 아무 죄도 없는 사람을 죽이느냐?"

"닥쳐라!"

고야마의 칼에 관순 아버지도 쓰러졌습니다.

"탕, 탕, 탕!"

트럭을 타고 온 헌병대 총에 관순 어머니도 쓰러졌습니다. 금세 열여덟의 목숨이 나뒹굴었습니다.

관순이는 부모님의 주검을 보았습니다. 하늘이 노랬습니다. 아무것도 보이지 않았습니다. 관순이는 물불을 가리지 않았습니다.

"선언서를 낭독한 유관순을 체포하라!"

"집을 불태워라!"

관복, 관석, 두 동생은 하루아침에 고아가 되었습니다. 집 없는 거지가 되었습니다. 마을 사람들은 헌병들이 무서워 모른 척했습니다.

관순이는 30여 명의 사람들과 굴비처럼 엮여 맨발로 헌병대까지 끌려갔습니다. 그곳에서도 만세를 불렀습니다.

천안에서 공주 유치장으로 넘어갔습니다.

그래도 만세를 부르자 감옥에 갇히게 되었습니다.

감옥으로 가는 길에 관옥 오빠를 만났습니다. 오랏줄에 꽁꽁 묶인 오빠도 매를 맞아 얼굴이 푸르뎅뎅했습니다.

다릿목에 왔을 때였습니다. 관순이는 건너편 구경꾼들에게 외쳤습니다.

“동포들, 만세를 부릅시다. 대한 독립 만세!”

“정지!”

헌병 장교가 칼을 빼 높이 쳐들었습니다.

관순이의 어깨에서는 새빨간 피가 흘러내렸습니다.

관순이는 5년형을 받았습니다. 죽이지도, 훔치지도 않았습니다. 다만 만세를 불렀을 뿐입니다. 그런데도 5년이나 감옥살이를 하라는 것입니다.

관순이는 억울해서 서울 복심 법원에 항소(판결에 대한 재심

사 요청)했습니다.

"유관순, 네 죄를 뉘우치느냐?"

재판장이 차갑게 물었습니다.

"도둑이 뉘우쳐야지, 왜 내가 뉘우칩니까?"

"누가 도둑이란 말이냐?"

"남의 나라를 빼앗은 당신들이 도둑이지요. 나는 도둑에게 재판받을 이유가 없습니다."

"천황 폐하 대신 법을 다스리는 재판장에게 감히……."

"우리의 폐하는 돌아가셨습니다. 일본의 천황 폐하가 우리와 무슨 상관입니까?"

"닥쳐라! 어린 게 건방지구나. 흥! 네까짓 것들이 독립은 무슨 독립이냐? 3년형을 선고한다. 어서 가두어라."

서대문 감옥은 몹시 비좁았습니다. 방에 갇힌 사람이 너무 많아서였지요. 벼룩과 빈대가 들끓고, 냄새도 심했습니다. 콩이 섞인 주먹밥을 주면서 그나마 양을 줄여서 주는 탓에 다들 영양 실조에 걸렸습니다.

"기상!"

아침에 간수가 외쳤습니다. 관순이는 일어나면 세 번씩 '대한 독립 만세!'를 불렀습니다.

"취침!"

밤에 간수가 외쳤습니다.

눕기 전에도 세 번씩 만세를 불렀습니다. 다른 감방에서도 따라 했습니다.

"유관순, 너 때문이다."

간수장은 유관순을 복도로 끌어내 채찍을 휘둘렀습니다. 살이 흩어지고 뼈가 드러났습니다.

까무러치면 감방으로 던졌습니다. 그것도 모자라 취조실로 끌고 가 고문을 했습니다.

"이제 그만 해라. 몸을 생각해야지."

옆방의 박인덕 선생님이 문 틈으로 가만히 타일렀습니다.

"선생님, 저는 괜찮아유."

관순이는 뜻을 굽히지 않았습니다.

장마철이 되었습니다. 하루는 도둑질을 한 아기 엄마 죄수가 들어왔습니다. 아기 엄마는 아기에게 젖은 기저귀를 그대로 채웠습니다.

"그렇게 하면 아기 위생에 나빠유."

"해가 나야 말리지."

아기 엄마는 귀찮아했습니다.

관순이는 아픈 제 허리에다 젖은 기저귀를 둘러서 말려 주었습니다. 아기 엄마에게 자신의 주먹밥도 떼어 주었습니다.

3 · 1 운동 1주년이 되었습니다. 관순이는 감방 사람들과 약속해서 만세를 불렀습니다.

"또 네가 일을 꾸몄구나. 지하 독방에 가두어라!"

독방은 관처럼 좁습니다. 한 사람이 겨우 누울 정도입니다. 문에는 책받침만 한 구멍이 뚫려 있습니다. 주먹밥을 넣어 주는 창이지요. 지하라서 햇빛도 없습니다. 물도, 불도 없습니다. 혼자라도 낮에는 눕지도 못합니다. 종일 무릎을 꿇고 있는 게 규칙입니다.

관순이는 여기서도 틈만 나면 만세를 불렀습니다.

화가 난 간수(교도관)가 주먹밥에다 쇳가루와 모래를 섞어서 주었습니다. 관순이는 서서히 죽어 갔습니다.

"제발 네 몸을 생각해라. 독립의 날은 꼭 온다. 그러니 살아서 좋은 날을 보아야 하지 않겠니?"

면회를 온 관옥 오빠가 타일렀습니다.

"오빠가 감옥에서 나와 다행이에유. 관복이랑 관석이를 잘

▲ **서대문 형무소 역사관을 찾는 사람들** | 서대문 형무소 역사관은 국내외의 많은 사람들이 방문하여 일제의 만행을 되새기는 역사 교육의 현장이 되고 있습니다.

▼ **서대문 형무소 내부 모습** | 유관순은 독립 만세 운동의 여성 지도자들이 수감된 8호 감방에 수감되었습니다. 이곳에서 독립 만세 운동 1주년이 된 1920년 3월 1일, 독립 만세를 외치며 옥중 투쟁을 계속했습니다.

▲ **유관순 수형 기록표** | 유관순은 천안 아우내 장터에서 만세 운동을 주도하다 체포되어 서대문 형무소에 수감되었습니다.

보살펴 주세유."

이 말은 유관순의 유언이 되었습니다.

1920년 9월 28일 오전 8시 20분, 열아홉의 관순이는 숨을 거두었습니다. 독립 만세를 웅얼거리며 눈을 감았습니다.

소식을 듣고 웰터 교장 서리(임시로 교장 일을 맡아서 함)가 달려왔습니다.

"유관순은 우리 학교 학생입니다. 유해를 내주세요."

"안 되므니다. 죽었다고 형이 끝나는 게 아니므니다. 감옥 안에 있는 공동 묘지에서 남은 형을 살아야 하므니다."

"오, 하느님 맙소사! 당신들은 사람도 아니야. 이 사실을 전 세계에 알리겠어!"

"잠깐. 재판소와 의논할 테니 기다리시오."

한참 후, 소장이 말했습니다.

"절대로 시체를 학생들에게 보이지 말 것. 조용히 매장할 것. 장례식 때도 순사가 따라갈 것. 반드시 이걸 지키라는 명령이오."

웰터 교장 서리는 할 수 없이 물러섰습니다.

밤이 이슥해졌습니다. 그들은 그제야 석유 궤짝에 유해를 넣어 내보냈습니다.

유관순의 동무들이 울며불며 옥당목 수의를 만들었습니다.

“관순이는 비단 수의를 입어야 마땅해.”

다른 동무들이 우겨서 다시 만들었습니다.

수의를 입힐 때 보니 팔다리 관절이 다 빠져 있었습니다. 상처투성이의 몸은 영양 실조로 뼈만 앙상했습니다.

이튿날, 정동 예배당에서 장례식을 치렀습니다. 식은 조용하고 간소했습니다. 일본 순사는 이태원의 공동 묘지까지 따라왔습니다. 여행증을 내주지 않아 지령리에서는 아무도 오지 못했습니다.

그 후 일본은 이태원을 개발해 버렸습니다. 그리하여 공동 묘지는 흔적도 없이 사라졌습니다.

대한의 잔 다르크, 유관순은 갔습니다. 나라를 되찾고자 목숨을 던지고 갔습니다. 대한의 샛별 유관순은 오늘도 어두운

밤하늘을 지키고 있습니다.

우리 역사에는 이런 기록이 남았습니다.

〈3 · 1운동〉

- 기간 : 1919년 3월 1일~5월 말
- 전국 모임 : 1,542회
- 참가자 : 202만 3,098명
- 사망자 : 7,509명
- 부상자 : 1만 5,961명
- 체포자 : 4만 6,948명

유관순의 삶

연대	발자취
1902년(1세)	12월 16일(음력 11월 17일), 충청남도 천안(옛 지명은 목천)에서 5남매 중 둘째 딸로 태어나다.
1904년(3세)	2월, 러시아와 일본 사이에 전쟁이 일어나다.
1914년(13세)	제1차 세계 대전이 일어나다.
1915년(14세)	이화 학당 보통과 2학년으로 편입하다.
1918년(17세)	이화 학당 보통과를 졸업하고, 이화 여자 고등 보통학교 1학년에 진학하다. 11월, 제1차 세계 대전이 끝나다.
1919년(18세)	3월 1일, 3 · 1 운동이 일어나 참여하다. 3월 5일, 시위 운동에 참여해 경무 총감부에 붙잡혔다가 풀려나다. 3월 10일, 각 학교에 휴교령이 내려지다. 4월 1일, 아우내 만세 시위가 일어나다. 가족, 친척들과 시위를 주도하다. 5월 9일, 공주 법원에서 5년형을 선고받다. 6월, 경성 복심 법원에 항소함에 따라 서대문 감옥에 수감되다. 6월 30일, 경성 복심 법원 재판에서 3년형을 선고받다.
1920년(19세)	3월 1일 오후 2시, 서대문 감옥에서 옥중 만세 시위를 주도하다. 4월 28일, 영친왕과 이방자 여사의 결혼 기념 특사령으로 형기가 1년 6개월로 단축되다. 9월 28일 오전 8시 20분, 모진 고문으로 인해 서대문 감옥에서 숨을 거두다. 10월 14일, 정동 교회에서 장례식을 치르고, 이태원 공동묘지에 묻히다.

읽으며 생각하며!

1. 유관순이 아홉 살 되던 1910년, 우리나라는 일본에 국권을 강제로 빼앗기고 말았습니다. 이후 36년 동안 우리 백성들은 모진 고통 속에서 살아야 했습니다. 이 시기를 뭐라고 부를까요?

2. 유관순이 열여덟 살이던 해 3월 1일, 민족 대표 33인이 파고다 공원(탑골 공원)에서 독립 선언서를 낭독하고, 만세 운동을 벌였습니다. 이 운동을 무엇이라고 부르나요?

3. 1910년 8월 22일, 순종 임금은 백성들에게 우리나라가 일본의 지배를 받게 되었음을 알립니다. 치욕스런 이 사건을 무엇이라고 하는지 써 보세요.

나는 나라 다스리는 권한을, 믿고 의지하던 이웃 일본 황제 폐하에게 넘겨 준다. 그래서 밖으로는 동양 평화를 튼튼하게 하고, 안으로는 백성을 온전하게 보호하려고 한다. 모든 신하들은 나라의 앞날과 시대의 뜻을 생각해서, 일본에 복종하고 행복을 함께 누려라. 백성을 구하려는 뜻에서 나온 생각이니, 이 뜻을 받들라.

4. 이화 학당 보통과 2학년 때 유관순은 다음과 같은 일을 계기로 책을 많이 읽고 공부도 열심히 하게 됩니다. 다음 밑줄 친 부분은 어떤 용기와 어떤 생각을 말하는 것일까요?

"5조약이니 7조약이니 하면서 나라는 망해 가는데, 너희들은 어쩌자고 떠드느냐? 정신 차려서 공부해라. 일본 학생들보다 두 배, 세 배로 해야 한다."

그때 쿡, 웃음이 터졌습니다.

"누구냐?"

"저여유."

"그래, 유관순, 왜 웃었느냐?"

"선생님 턱에 고춧가루가 묻어 있어서유."

학생들이 까르르 웃었습니다.

"쯧쯧쯧, 용기는 있다만 생각은 없구나."

선생님이 혀를 찼습니다.

- 용기 :

- 생각 :

5. 일본에게 빼앗긴 나라의 국권을 되찾으려 많은 독립 운동가들이 일본의 눈을 피해 독립 운동을 하다 목숨을 잃었습니다. 국가의 주권이란 과연 목숨과 맞바꿀 정도로 중요한 것일까요? 나는 어떻게 생각하는지 의견을 적어 보세요.

6. 우리나라 최초의 미국 유학생이자 독립 운동가인 하란사 선생님과 유관순이 나눈 대화입니다. 밑줄 친 선생님의 말씀은 어떤 의미를 담고 있는지 써 보세요.

"유관순, 잘 들어라. 지금 이 시각, 조선 천지에 배고프지 않은 사람은 아무도 없다. 추위에 떠는 사람도 그 고학생 하나가 아니다."

바로 그때 취침 종이 울렸습니다.

전등불이 일제히 꺼졌습니다.

"무엇이 보이느냐?"

"아무것도 안 보입니다."

"우리나라도 이와 같다. 이처럼 캄캄한 어둠 속에 있다. 네가 이 나라에 촛불을 켜라."

"예?"

목이 콱 메면서 눈시울이 뜨거웠습니다.

풀이

1. 일제 강점기

2. 3 · 1 운동

3. 한일 강제 합방(또는 경술국치)

4. 예시 : • 용기 – 다른 학생들은 선생님 턱에 고춧가루가 묻어 있는 것을 보고도 모른 체하고 있는데 유관순만 웃은 것.
   • 생각 – 나라가 망해 가니 일본 학생들보다 두 배, 세 배 더 열심히 공부해 나라를 되찾겠다는 생각.

5. 예시 : 나라가 없다는 것은 부모가 없는 것보다 더 불행한 상황이라고 할 수 있다. 국민 개개인의 권리와 행복을 그 누구도 보장해 주지 않기 때문이다. 부모를 잃으면 친척이 부모 역할을 대신해 주기도 하지만, 국가 간에는 그런 인정을 기대할 수 없다. 이렇듯 나라가 없다는 것은 세상 천지에 나를 보호해 줄 사람이 아무도 없는 고아가 되는 것과 같기 때문에 독립 운동가들은 자신의 목숨을 바쳐서라도 가족과 친구들, 나아가 후손들에게 나라를 되찾아 주고자 했던 것이다.

6. 예시 : 미래가 어두운 조선의 희망이 되어 달라는 의미이다. 나라의 앞날은 젊은이의 손에 달려 있으니, 지금 당장 한 사람의 굶주림을 해결하고 어려운 고학생 한 사람을 도우려 하기보다는 조선의 미래에 한 줄기 빛이 됨으로써 모든 조선 백성들에게 희망을 주라는 말을 하는 것이다.

역사 속에 숨은 위인을 만나 보세요!

한국사

- 고조선 건국 (B.C. 2333)
- 철기 문화 보급 (B.C. 300년경)
- 고조선 멸망 (B.C. 108)
- 광개토 태왕 (374~412)
- 을지문덕 (?~?)
- 고구려 불교 전래 (372)
- 연개소문 (?~666)
- 김유신 (595~673)
- 신라 불교 공인 (527)
- 대조영 (?~719)
- 고구려 살수 대첩 (612)
- 신라 삼국 통일 (676)
- 대조영 발해 건국 (698)
- 장보고 (?~846)
- 왕건 (877~943)
- 장보고 청해진 설치 (828)
- 강감찬 (948~1031)
- 견훤 후백제 건국 (900)
- 궁예 후고구려 건국 (901)
- 왕건 고려 건국 (918)
- 귀주 대첩 (1019)
- 윤관 여진 정벌 (1107)
- 고려 강화로 도읍 옮김 (1232)
- 개경 환도, 삼별초 대몽 항쟁 (1270)
- 최무선 (1328~1395)
- 황희 (1363~1452)
- 세종 대왕 (1397~1450)
- 장영실 (?~?)
- 문익점 원에서 목화씨 가져옴 (1363)
- 최무선 화약 만듦 (1377)
- 조선 건국 (1392)
- 훈민 정음 창제 (1443)
- 신사임당 (1504~1551)
- 이이 (1536~1584)
- 허준 (1539~1615)
- 유성룡 (1542~1607)
- 임진 왜란 (1592~1598)
- 한산도 대첩 (1592)
- 한석봉 (1543~1605
- 이순신 (1545~1598
- 오성과 한음 (오성 1556~1618 / 한음 1561~1613)
- 허준 동의보 완성 (1610)
- 병자 호란 (1636)
- 상평 통보 전국 유통 (1678)

B.C. 선사 시대 및 연맹 왕국 시대 | A.D. 삼국 시대 | 698 남북국 시대 | 918 고려 시대 | 1392

2000 500 400 300 100 0 300 500 600 800 900 1000 1100 1200 1300 1400 1500 1600

B.C. 고대 사회 | A.D. 375 중세 사회 | 1400

세계사

- 중국 황하 문명 시작 (B.C. 2500년경)
- 인도 석가모니 탄생 (B.C. 563년경)
- 알렉산더 대왕 동방 원정 (B.C. 334)
- 크리스트교 공인 (313)
- 게르만 민족 대이동 시작 (375)
- 로마 제국 동서로 분열 (395)
- 수나라 중국 통일 (589)
- 이슬람교 창시 (610)
- 수 멸망 당나라 건국 (618)
- 러시아 건국 (862)
- 거란 건국 (918)
- 송 태종 중국 통일 (979)
- 제1차 십자군 원정 (1096)
- 테무친 몽골 통일 칭기즈 칸이 됨 (1206)
- 원 제국 성립 (1271)
- 원 멸망 명 건국 (1368)
- 잔 다르크 영국군 격파 (1429)
- 구텐베르크 금속 활자 발명 (1450)
- 코페르니쿠스 지동설 주장 (1543)
- 도요토미 히데요시 일본 통일 (1590)
- 독일 30년 전쟁 (1618)
- 영국 청교도 혁명 (1642~164
- 뉴턴 만유 인력의 법칙 발견 (1665)

석가모니 (B.C. 563?~B.C. 483?)

예수 (B.C. 4?~A.D. 30)

칭기즈 칸 (1162~1227)

조선 시대 | 1876 개화기 | 1897 대한 제국 | 1910 일제 강점기 | 1948 대한민국

근대 사회 | 1900 현대 사회

1700	정약용 (1762~1836) 김정호 (?~?)	이승훈 천주교 전도 (1784)	미국 독립 선언 (1776) 프랑스 대혁명 (1789)	워싱턴 (1732~1799) 페스탈로치 (1746~1827) 모차르트 (1756~1791) 나폴레옹 (1769~1821)
1800			청·영국 아편 전쟁 (1840~1842)	링컨 (1809~1865) 나이팅게일 (1820~1910) 파브르 (1823~1915) 노벨 (1833~1896) 에디슨 (1847~1931)
1850				가우디 (1852~1926)
1860		최제우 동학 창시 (1860) 김정호 대동여지도 제작 (1861)	미국 남북 전쟁 (1861~1865)	라이트 형제 (형, 윌버 1867~1912 / 동생, 오빌 1871~1948) 마리 퀴리 (1867~1934) 간디 (1869~1948)
1870	주시경 (1876~1914) 김구 (1876~1949) 안창호 (1878~1938) 안중근 (1879~1910)	강화도 조약 체결 (1876) 지석영 종두법 전래 (1879)	베를린 회의 (1878)	아문센 (1872~1928) 슈바이처 (1875~1965) 아인슈타인 (1879~1955)
1880		갑신정변 (1884)	청·프랑스 전쟁 (1884~1885)	헬렌 켈러 (1880~1968)
1890	우장춘 (1898~1959) 방정환 (1899~1931)	동학 농민 운동, 갑오개혁 (1894) 대한 제국 성립 (1897)	청·일 전쟁 (1894~1895) 헤이그 평화 회의 (1899)	
1900	유관순 (1902~1920) 윤봉길 (1908~1932)	을사조약 (1905) 헤이그 특사 파견, 고종 퇴위 (1907)	영·일 동맹 (1902) 러·일 전쟁 (1904~1905)	
1910	이중섭 (1916~1956)	한일 강제 합방 (1910) 3·1 운동 (1919)	제1차 세계 대전 (1914~1918) 러시아 혁명 (1917)	테레사 (1910~1997) 만델라 (1918~2013)
1920		어린이날 제정 (1922)	세계 경제 대공황 시작 (1929)	마틴 루서 킹 (1929~1968)
1930	백남준 (1932~2006)	윤봉길·이봉창 의거 (1932)	제2차 세계 대전 (1939~1945)	
1940		8·15 광복 (1945) 대한민국 정부 수립 (1948)	태평양 전쟁 (1941~1945) 국제 연합 성립 (1945)	스티븐 호킹 (1942~2018)
1950	이태석 (1962~2010)	6·25 전쟁 (1950~1953)	소련 세계 최초 인공위성 발사 (1957)	오프라 윈프리 (1954~) 스티브 잡스 (1955~2011) 빌 게이츠 (1955~)
1970		10·26 사태 (1979)	제4차 중동 전쟁 (1973) 소련 아프가니스탄 침공 (1979)	
1980		6·29 민주화 선언 (1987) 서울 올림픽 개최 (1988)	미국 우주 왕복선 콜럼비아 호 발사 (1981)	
1990		북한 김일성 사망 (1994)	독일 통일 (1990) 유럽 11개국 단일 통화 유로화 채택 (1998)	
2000		의약 분업 실시 (2000)	미국 9·11 테러 (2001)	

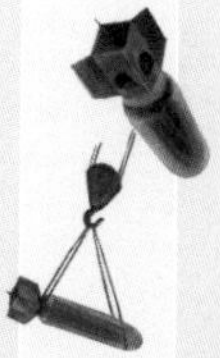

2024년 10월 25일 2판 8쇄 **펴냄**
2013년 11월 25일 2판 1쇄 **펴냄**
2008년 1월 20일 1판 1쇄 **펴냄**

펴낸곳 (주)효리원
펴낸이 윤종근
글쓴이 손연자 · **그린이** 정선경
사진 제공 중앙포토
등록 1990년 12월 20일 · **번호** 2-1108
우편 번호 03147
주소 서울시 종로구 삼일대로 457, 406호
전화 02)3675-5222 · **팩스** 02)765-5222

잘못 만들어진 책은 구입하신 서점에서 바꾸어 드립니다.
ISBN 978-89-281-0308-9 64990

이메일 hyoreewon@hyoreewon.com
홈페이지 www.hyoreewon.com